SCM

Stiftung Christliche Medien

SCM ist ein Imprint der SCM Verlagsgruppe, die zur Stiftung Christliche Medien gehört, einer gemeinnützigen Stiftung, die sich für die Förderung und Verbreitung christlicher Bücher, Zeitschriften, Filme und Musik einsetzt.

2. Auflage 2018
4. Gesamtauflage

Max-Eyth-Straße 41 · 71088 Holzgerlingen
Internet: www.scm-verlagsgruppe.de; E-Mail: info@scm-verlagsgruppe.de

Gesamtgestaltung: Miriam Gamper-Brühl | Essen | www.3kreativ.de
Fotos und Illustrationen: © Shutterstock
Druck und Bindung: Finidr s.r.o.
Gedruckt in Tschechien
ISBN 978-3-7893-9791-2
Bestell-Nr. 629.791

Elisabeth Vollmer

Weil du wertvoll bist

Zur Kommunion

FÜR MÄDCHEN

SCM

Erstkommunion.

Vielleicht hast du eine Dose
mit dem ersten Zahn, den du verloren hast.
Und ganz bestimmt hast du ein Foto
von deinem ersten Schultag.
Wenn etwas zum ersten Mal passiert,
ist es neu, spannend, ungewohnt und besonders.
Ganz besonders ist auch die Erstkommunion.
Jetzt gehörst du also zum ersten Mal zu denen,
die eine Hostie bekommen
und denen Jesus damit ganz nahe kommt.
Und so wie der erste Schultag nicht das Ende,
sondern der Beginn deiner Schulzeit war,
so geht es auch mit der Kommunion jetzt erst richtig los.
Es gibt viel zu entdecken. Freu dich darauf!

Wir leben auf dem Planeten Erde. Der Teil des Universums, den wir von hier aus beobachten können, ist klein. Es sind „nur“ ungefähr eine Trilliarde anderer Planeten. Als Zahl geschrieben sieht das so aus: 1000000000000000000000.

Wenn wir uns diese unglaubliche Zahl in Reiskörnern vorstellen würden, wäre ganz Deutschland mit einer gut 7 cm dicken Schicht davon bedeckt! Und nur eines dieser Reiskörner wäre unser Planet Erde.
Rund 7 Milliarden Menschen leben hier – und einer davon bist du. Angesichts dieser riesigen Zahlen könntest du dir klein und unwichtig vorkommen. Aber das Gegenteil ist der Fall: Kein anderer der 7 Milliarden Menschen hat deinen Fingerabdruck, hat genau dein Lächeln oder fühlt exakt wie du. **Keiner lebt sein Leben so wie du.** Was du tust oder lässt, ist wichtig. Und Gott, der all das gemacht hat, kennt dich und sagt:

„Du bist mir WICHTIG."

VIP **(very important person)**, das bedeutet: sehr wichtige Person.
Das sind zum Beispiel Schauspielerinnen oder Sängerinnen,
für die die besten Plätze reserviert sind.
Bei Jesus gab es auch solche VIPs,
die haben von ihm den allerbesten Platz
und die volle Aufmerksamkeit bekommen.
Er hat sie sogar extra noch in die Mitte gestellt
und den anderen gesagt,
dass sie sich an ihnen ein Beispiel nehmen sollen.
Willst du wissen, wer das war?
Kinder – vielleicht sogar ein Mädchen, gerade so wie du.

Du bist bei Jesus ein VIP!

Das bin ich am Tag meiner ERSTkommunion.

Das mag ich ganz besonders:

....

....

....

Das mache ich gerne:

....

....

....

Das sind meine besten Freunde:

....

....

....

Das Coolste bei der Erstkommunionvorbereitung war:

....

....

....

Das hat mein Fest so toll gemacht:

....

....

....

FREUNDINNEN

Echte Freundinnen gehen zusammen durch dick und dünn.
Sie lachen miteinander über alles Mögliche
und helfen einander, wenn's drauf ankommt.
Sie können zuhören und sind füreinander da.
Echte Freundinnen haben manchmal auch Streit,
verstehen sich nicht oder zicken sich an.
Aber sie kriegen dann auch die Kurve
und vertragen sich wieder.
Echte Freundinnen sind wichtig und selten.
Am besten findet man sie,
wenn man selbst eine ist.

JESUS,

du warst ein Kind – so wie ich.
Du wurdest geboren und bist gewachsen.
Du hast gespielt und gelernt.
Du warst froh und manchmal traurig.
Du hattest Bärenhunger und ein Lieblingsessen.
Du hast Fangen gespielt und Verstecken.
Wie alle Kinder zu allen Zeiten.
Du warst ein Kind – so wie ich.
Ganz normal und doch so besonders.
Ich möchte auch gerne besonders sein,
und du sagst, dass jeder ganz besonders ist:
gewollt, begabt, geliebt – auch ich.

Ein Gebet aus der Bibel:

Ich danke dir, dass du mich so wunderbar gestaltet hast.
Ich weiß: Staunenswert sind deine Werke.

Psalm 139,14

Auf dieser Seite steht ein **„Akrostichon“.**

Das bedeutet: Hinter jedem Buchstaben steckt eine Beschreibung, die zum Gesamtwort passt. Für das Wort **„Erstkommunion“** könnte es z. B. so aussehen:

E Endlich kriege ich auch eine Hostie!
R Riesenfest
S Segen
T Tauferinnerung
K Kontakt mit Gott
O offen für Neues
M mit Freunden und
M mit Jesus feiern!
U unterwegs
N nah bei Gott
I irgendetwas ist hier ganz besonders
O ohne Vorleistung – geschenkt!
N niemand ist genau wie du!

Hast du Lust, auch mal so was zu schreiben?
Auf der nächsten Seite geht es weiter ...

Hier ist Platz für ein AKROSTICHON mit deinem Namen.

Schreib ihn in **Großbuchstaben** nach unten und schau mal, was dir (und deinen Freunden/deiner Familie) so einfällt!

L	lustig, Liebevoll
I	Inteligent, Interessant
N	nett, neugirig
A	ängstlich, aufmerksam
H	Hilfsbereit
A	ängstlich
N	neugierig
N	nett
A	anschmiegsahm
H	heiter

„Wie heißt du?", fragen wir, wenn wir jemanden kennenlernen wollen. Und Gott? Hat er auch einen Namen, den wir kennen sollten, wenn wir ihn kennenlernen wollen?

JA!

Es gibt sogar ziemlich viele Namen Gottes in der Bibel.
Sie alle versuchen zu beschreiben, wie Gott ist.
Ein ganz besonders wichtiger Name Gottes ist dabei **„Jahwe"**,
das heißt übersetzt: **„Ich bin da"**.
Wenn Gott also sagt: „Ich bin da" – dann gibt es Gott.
Aber sein Name bedeutet noch viel mehr, nämlich:
„Ich bin immer für dich da".
Das heißt: Gott ist immer bei mir. Bei allem, was ich bisher erlebt habe, jetzt in diesem Moment, und er wird auch mein ganzes Leben lang bei mir sein.
Und es bedeutet auch noch: Gott ist für mich da,
er hat immer Zeit für mich!

Große Worte.

Es lohnt sich, darüber nachzudenken …

ICH BIN DA.

Der **ICH BIN DA** ist bei mir,
in jedem Moment meines Lebens.

Der **ICH BIN DA** ist unbegreiflich groß
und unbeschreiblich gut.

Der **ICH BIN DA** versteht mich sogar dann,
wenn mir die Worte fehlen.

Der **ICH BIN DA** kennt mein Lachen
und sieht auch meine Tränen.

Der **ICH BIN DA** kennt alle meine Träume
und weiß schon, welche davon wahr werden.

Gott, du bist da, und ich bin auch da –
lass uns zusammen da sein.

Es gibt Tage, an denen geht alles schief.
Die Mathearbeit ist verhauen,
und die beste Freundin hat Hausarrest.
Der kleine Bruder nervt,
und der Hund hat Flöhe.
Die Eltern haben keine Zeit und merken nicht,
dass ich sie gerade wirklich brauche.
Also dann, wenn der Tag total grau
und die Laune mies ist,
bin ich nicht alleine. Gott ist bei mir.
Er versteht meinen Frust.

Ihm kann ich alles sagen – und das tut mir GUT.

Es gibt Tage, die sind einfach

BOMBASTISCH.

Ich habe keine Hausaufgaben, die Sonne scheint,
und ich gehe Eis essen mit meiner besten Freundin.
Der kleine Bruder ist total nett,
und der Hund tobt mit mir durch den Garten.
Meine Eltern haben Zeit,
und außerdem gibt es mein Lieblingsessen.
Also dann, wenn der Tag total genial
und meine Laune super ist,
bin ich nicht alleine. **Gott ist bei mir.**
Er freut sich mit mir.
Ihm kann ich alles sagen – und das tut mir gut.

TAUFE

Wahrscheinlich wurdest du am Tag deiner Taufe nicht gefragt, ob du überhaupt getauft werden willst. Du warst noch ein Baby und deine Eltern haben für dich entschieden, weil sie das für gut und richtig gehalten haben. Sie wollten, dass Gott dir ganz nahe kommt. Dass er dein Leben begleitet und dich beschützt. Bevor du etwas sagen oder Tolles tun konntest, hat Gott durch die Taufe zu dir gesagt: **„Du bist meine geliebte Tochter!“** Jetzt bist du groß. Du kannst antworten und sollst selbst entscheiden. Deshalb gehört zur Erstkommunion immer auch die Tauferinnerung. Du wirst gefragt:

„Glaubst du an Gott und möchtest du mit Jesus alles Böse überwinden und in einer guten Weise leben?“

Die Freunde von Jesus wollen wissen, wie sie beten sollen.
Die Antwort von Jesus ist das

VATERUNSER

Vater unser im Himmel

Gott, du bist wie der beste Papa,
den ich mir vorstellen kann.

geheiligt werde dein Name.

Du bist immer für mich da.
Daran will ich denken, dafür will ich dir danken.

Dein Reich komme,
dein Wille geschehe

Es soll Wirklichkeit werden,
wie du dir Leben vorstellst.

wie im Himmel so auf Erden.

Wir vertrauen dir,
dass du unser Leben
auf der Erde lenkst
und dass spätestens im Himmel alles gut wird.

Unser tägliches Brot
gib uns heute.

Versorge uns heute mit allem,
was wir zum Leben brauchen.

BROT

Und vergib uns unsere Schuld,

Wo wir Mist gebaut haben,
vergib uns bitte,

wie auch wir vergeben unseren Schuldigern.

und wo andere uns
Unrecht getan haben,
wollen auch wir ihnen
eine neue Chance geben.

Und führe uns nicht in Versuchung,

Hilf uns, Situationen
gut zu bewältigen,
die besonders schwierig sind.

AMEN

sondern erlöse uns von dem Bösen.

Nimm alles von uns,
was anderen oder
uns selbst schadet.

Denn dein ist das Reich und die Kraft
und die Herrlichkeit

Es geht um deine Sache,
du hast alle Möglichkeiten

in Ewigkeit

über die Todesgrenze hinaus,

Amen.

so soll es sein.

In dieser Rätselschrift ist ein Satz versteckt, den Gott zu dir sagt:

Du bist in meinen Augen teuer und wertvoll und ich habe dich lieb.

Du bist in meinen Augen teuer und wertvoll und ich habe dich lieb.

„Soll ich was mitbringen?“, fragen manche Gäste,
die zu einem Fest eingeladen sind.
Und dann bringen sie – je nach Anlass –
Kuchen, Nachtisch oder einen Salat.
Wenn ich Jesus frage, was ich zum Fest des Glaubens
in die Kirche mitbringen soll,
dann geht es nicht um Kuchen, Nachtisch oder Salat.
Dann geht's um mich.
Und deswegen bringe ich mit:
den Streit mit meiner Freundin und die Zwei im Aufsatz,
dass ich noch ziemlich müde bin und dass die Sonne scheint.
Alles passt rein, hat Platz bei dem Fest, das Jesus gibt.
Und wenn ich all das, was mich gerade beschäftigt,
Jesus sagen kann, dann nennt man das
im Kirchendeutsch auch

GABENBEREITUNG.

MIA

hat ein Geheimnis,
das nur das Herz und nicht der Kopf versteht:
Sie liebt den Kuschelhund, der Schnuffi heißt,
obwohl er völlig abgewetzt und schäbig ist.
Und: Sie spricht sogar mit ihm!
Aber diesen Schnuffi hat ihre Oma ihr geschenkt,
als Mia noch klein war. Oft haben sie zusammen damit gespielt.
Jetzt ist die Oma tot – schon ziemlich lang sogar.
Aber wenn Mia Schnuffi im Arm hat,
spürt sie auch die Nähe ihrer Oma.
Und wenn sie Schnuffi von ihren Problemen erzählt,
dann hört auch Oma zu.

Vielleicht hilft uns Mias Geheimnis, mit dem Herzen zu verstehen,
wie das so ist mit der „Kommunion“, dem Abendmahl.
Sie ist das Abschiedsgeschenk, das Jesus seinen Jüngern macht.
Und diese kleine Hostie sieht nicht besonders aus.
Jesus soll darin verborgen sein? Das kann kein Kopf verstehen!
Und doch kommt Jesus dir darin so nah,
wie nur das Herz es spüren kann.

Wer JESUS begegnet,
wird verwandelt – manche jedenfalls.
Aus dem fiesen Zöllner Zachäus wird einer,
der sein Geld mit den Armen teilt.
Aus dem Fischer Petrus wird einer,
der durchs Land zieht und von Gott erzählt.
Aus dem blinden Bartimäus wird einer,
der sehend durchs Leben geht.
Sie alle wurden immer mehr und mehr zu dem,
was gut und echt und richtig ist.
Und was wird aus mir,
wenn ich Jesus in der Kommunion begegne?
Werde ich verwandelt und kommt dadurch hervor,
was Gutes in mir steckt?

**Werde ich verwandelt in eine,
die gut und echt und richtig ist?**

ERWISCHT –

das kennt jeder.
Wenn der Hals eng und der Kopf rot wird
und man sich ein Mauseloch
zum Verschwinden wünscht.
So geht es einer Frau, die zur Zeit von Jesus lebt.
Alle stehen um sie herum,
zeigen mit Fingern auf sie.
Schlimmer noch: Sie soll mit Steinen beworfen werden!
Aber dann kommt es ganz anders:
„Wer ohne Schuld ist, soll den ersten Stein werfen“, sagt Jesus.
Das trifft – ganz ohne Stein! Keiner wirft und alle gehen weg.
„Auch ich verurteile dich nicht. Geh und lebe jetzt, wie es recht ist“,
sagt Jesus zu der Frau.
Das sagt er immer auch zu mir,
wenn ich so richtig Mist gebaut habe
und es kein Mauseloch zum Verschwinden gibt …

*(Diese Geschichte kannst du in der Bibel nachlesen,
im 8. Kapitel des Johannes-Evangeliums, Verse 1-11.)*

Suche *(senkrecht, waagerecht und diagonal)* diese 17 Wörter:

1. GESCHICHTEN 2. KOMMUNION 3. FREUNDE 4. PFARRER
5. LIEDER 6. BLUMEN 7. HOSTIE 8. KIRCHE 9. GEBET 10. BIBEL
11. TAUFE 12. JESUS 13. KELCH 14. WEIN 15. BROT 16. FEST 17. OMA

B	K	H	P	F	J	J	H	O	H	Y	R	D
I	I	I	E	T	Ä	E	O	S	P	E	G	B
B	R	A	X	Y	A	S	S	X	D	B	V	G
E	C	Ö	S	Y	B	U	T	E	Ö	L	Ä	K
L	H	P	F	F	P	S	I	Y	X	U	V	O
I	E	U	V	Q	A	L	E	Ö	D	M	I	M
G	K	O	S	F	R	E	U	N	D	E	R	M
G	E	S	C	H	I	C	H	T	E	N	W	U
K	T	B	C	W	E	I	N	O	Q	V	Ä	N
S	E	A	E	Ä	F	E	S	T	M	X	G	I
O	J	L	U	T	Ä	F	A	Q	I	A	G	O
T	Y	Z	C	F	A	B	S	Ä	V	Z	K	N
B	R	O	T	H	E	P	F	A	R	R	E	R

BIBEL

KOMMUNION

kommt vom lateinischen „Communio“
und heißt „Gemeinschaft“.
Du hast also deine „Erstgemeinschaft“ gefeiert.
Zum ersten Mal zusammen mit deinen Freunden
die gewandelte Hostie erhalten
und bist Jesus damit ganz nahe gekommen.
Es braucht beides für den Glauben:
die Gemeinschaft mit Jesus und die mit den Freunden.
Jesus hat das einmal so gesagt:
„Wo zwei oder drei in meinem Namen versammelt sind,
da bin ich mitten unter ihnen.“
Wir müssen gar nicht unbedingt in die Kirche gehen
oder besondere Gebete sprechen.
Wenn zwei oder drei im Namen von Jesus zusammen sind,
(also im Wissen, dass er da ist, und mit seiner Herzenshaltung)
dann ist er schon mittendrin und dabei!
Und ganz besonders ist er das bei jeder **Kommunion.**

ZUSAMMEN

… können wir fröhlicher jubeln,
wenn unsere Mannschaft gewonnen hat.

… können wir wilder toben,
wenn uns nach einer **Kissenschlacht** zumute ist.

… können wir eine Lösung finden,
wenn uns echte Probleme quälen.

… können wir **Pläne** schmieden,
wenn die Ferien noch vor uns liegen.

… können wir lauter lachen,
wenn einer einen **Witz** erzählt.

… können wir das schaffen,
was vorher ein unüberwindbarer Berg war.

… ist das **Leben** bunter, reicher, schöner.
Wie gut, dass wir einander haben!

Zweitkommunion

„Gibt es eigentlich auch eine Zweitkommunion?“ Diese kluge Frage sorgte für einige Lacher in der Gruppe. Gestellt hat sie ein Kind, das von der ganzen Erstkommunionvorbereitung und dem Fest so richtig begeistert war. Für die lachenden Kinder war ganz klar: „Zweitkommunion? Nie gehört, das gibt es nicht.“ Und sie staunten nicht schlecht, als sie erfuhren, dass es sogar eine Dritt- und Viert-Kommunion gibt.

Man könnte die Erstkommunionvorbereitung vielleicht mit einer Woche auf dem Ponyhof vergleichen, und deine Erstkommunion war dann das Abschlussturnier, zu dem die Eltern und die Freunde kommen. Und so wie keine begeisterte Reiterin auf die Idee käme, dann zu sagen: „Na gut, das war schön, aber jetzt ist es vorbei mit dem Reiten“, so wäre es doch auch ziemlich schade, wenn du das Thema Kommunion und Gott jetzt einfach zur Seite legst. Vielleicht gibt es bei euch Kindergruppen, vielleicht hast du Lust, Ministrantin zu werden, und wenn du nächsten Sonntag einfach so zur Kirche gehst, dann bist du eingeladen: zur Zweitkommunion.

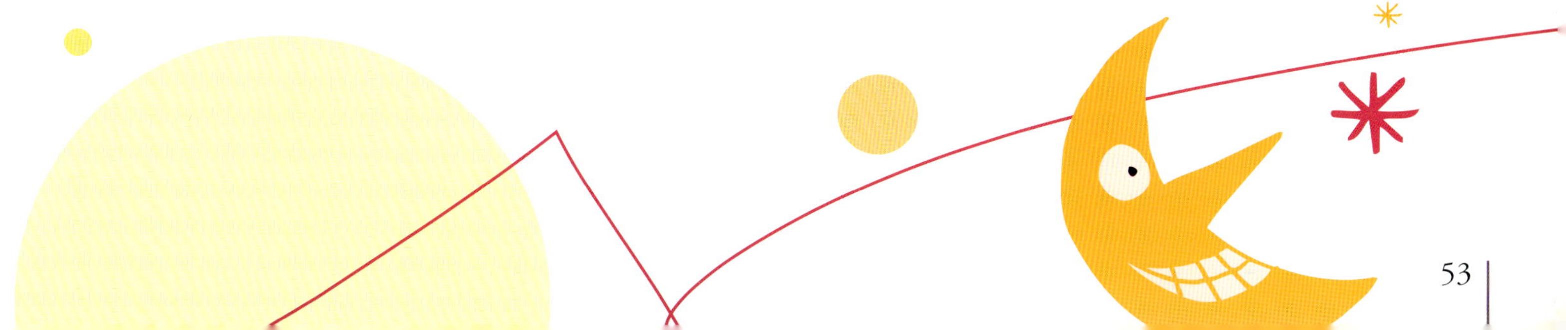

Gott segne dich mit guten FREUNDEN.

Gott segne dich mit guten Freunden,
damit du Weggefährten hast in Freude und Not.
Gott segne dich mit Großzügigkeit,
damit du freien Herzens teilen kannst.
Gott segne dich mit Fröhlichkeit,
damit du von ganzem Herzen lachen kannst.
Gott segne dich mit großen Träumen,
damit du sie verwirklichen kannst.
Gott segne dich mit Gelassenheit,
damit du niemals den Mut verlierst.
Gott segne dich mit seiner Nähe,
damit du alle Tage in seiner Hand geborgen bist.

WERTVOLL

Auflösung Rätselschrift:

Du bist in meinen Augen teuer und wertvoll und ich habe dich lieb.

(nachzulesen in der Bibel im Buch Jesaja, Kapitel 43, Vers 4a)